JN440036

오늘도 눈을 뜬다

오늘도 눈을 뜬다

정서리 시집

그루

자서

나는 호수처럼 맑게 거짓 없는 생을 살고 싶다. 호수 위에 밝은 햇살이 내 이름을 불러 주길 기다린다.

시詩는 아직 내 영혼인 줄도 모르고, 한 줄 쓰다 버리고 두 줄 쓰다 버려졌던 시편들을 모아 두 번째 시집을 묶는다.

시는 나의 영혼이며 나의 분신이다.

구겨진 시를 다림질하면 소중한 내 삶이 한 땀 한 땀 반짝인다.

백사장이 아니고 푸른 물결 따라 조심스럽게 조용히 바다까지 가 닿기를 바란다.

이제 내 인생의 속살을 싣고 밖으로 나오는 시에게 안녕, 두 손 모은다.

2023년 6월

정 서 리

차례

2

—

3

—

4

—

가을

붉게 익은 가을이
뜨겁게 손 내민다
새침데기 봄은 수줍게 지나가고
마냥 푸르를 것 같은
여름은 주저앉고 말았다
불을 지핀 그는
온 산천
북 치고 장구 치며 춤추자 하네

지친 몸 대문까지 찾아와
곧 흰 눈이 찾아올 테니 나오라 하네
헐떡이며 등 떠밀어
굳게 닫힌 대문 열어 보니
하늘은 높고 강산은 곱다

괜찮다

짙어가는 가을날 창녕 화왕산 오른다
열다섯 해 전 옛꿈 아롱거린다
대형 버스 마흔한 명 여성들 인솔해서
온 산천 불 지펴 신바람나게 뛰어오르던 추억

온몸 땀범벅이 된 내가 나를 끌고
귀로 소리 듣고 눈으로 확인해 보지만
아차차, 깜박깜박 나직이 새어 나온 한숨
찰깍찰깍 세월 찍고 간다
두 팔 벌려 잘생긴 나목裸木 안아 보니
마음 자락 펄럭인다

그래, 괜찮다

쿵쿵 설레는 심신 젊어지고 구불구불 산자락 구석
아주 못생긴 지팡이, 남이 버리고 간 목인木人
정상까지 함께한 그와 나
내 다리 덥석 잡은 거북등 같은 바위 활짝 웃는다
눈물인지 땀방울인지 흘러내린 삶 퉁퉁 두들겨 본다

화왕산 청춘 그대로 불타고 있는데
내 안에 핀 꽃 낙엽으로 물들고
하늘엔 낮달이 뜨고
내 가슴엔 작은 별, 뜨기 시작한다

아직은 뜨겁다

그래서 괜찮다

개나리

너는 어찌 노란 저고리 벗고
초록색 해진 몽당치마 걸치고
눈물짓고 서 있느냐

세월 파먹다 보니
몰래 걸어 둔 시계에
꽃피울 시간도 없이 지고 말았구나

그래도
너는 다시 피워 낼 수 있단다
얌전히 시간을 푹 썩히고

난 또 예쁜 옷맵시 다듬어
한 포기 마음밭에 심어 보고 싶구나

그를 기다린다

그를 기다린다
동지섣달도 아닌 시월 끝자락
늦가을 밤
얄밉게 내리는 빗소리
적막을 깨트리고

속눈썹 지긋이 내리고
오지 않은 그를 기다리며
눈망울은 초롱초롱
그 옛날 시골 뒷동산
낙엽 안고 뒹굴던 추억
하얀 밤 함께한다

내 가슴 콩닥콩닥
종일 내리던 빗소리에 적막을 담아
꿀걱꿀꺽 눈시울 적시며 마셨던 그는
부들부들 몸 떤다

꽃, 만나러 가다

예순이 넘은 꽃들의 가슴이 뜨겁다
콩닥콩닥 뛰는 열정
십 대로 돌아간다
경주 안강 초등 꽃들

아름답던
땅따먹기 놀이하던 시절
오십 년이 지난 이즈음에도
그 시절 꽃들을 피울 수 있을까?
시골 학교 화단에 피었던 꽃
생각만 해도 설렌다

우린 강가에 모여 앉아 숯을 피우고 삼겹살 구워
흙냄새 투박한 술잔에 순수함을 담아
홀짝 홀짝 마신 향기가 뱅글뱅글 돌아
온몸으로 젖어 들고 콧노래가 절로 나온다
"동무 동무 새동무 새보리가 나도록"
발맞춰 맴돌며 뛰어 본다

고향 친구랑
수박이랑 매운탕 밥이랑
서울 간 친구는
아이스박스에 과일이랑 떡, 홍어무침까지
아름다운 사람 꽃
송이송이 뭉게구름으로 피어난다

듬성듬성 흰 머리카락
밤하늘 푸른 별들을 세어 보면
이미 시드는 쭈글쭈글해진 꽃
그래도 마냥 아름답고 멋지다

즐겁게 보낸 그날의 행복한 꽃이여
세월은 자꾸자꾸 흘러 더 많이 흘러가도
우리 초등 꽃들은 그대로 멈추사

아카시아

누가
저 꽃을 아름답다고만 하나

말 한마디 못한 채
가시덤불에 살점 찢겨 아파하는 저 꽃을

박수치며 다가오는 푸른 바람 어깨에
살그머니 기대어 본다

그러나
산은 점점 높아지고
계곡은 점점 좁아진다

함께 걷던 바람도
바람 따라 가버리고

오늘도 또 내일도
물결 따라 흘러가고 있는 저 새하얀 꽃

꽃의 향기

네온싸인 아래
사람 냄새에 피어 있는 꽃
사라져 가는 향기 떠날 줄 모르고
달빛에 그림자가 되고 싶어
끝없이 흘리고 있는 저 꽃이여

가슴에 피는 꽃

알고 있어요 알고 있어요
당신이 아들딸에게 꽃비 뿌려 준다는 것
알고 있어요

당신이 내 가슴속에 박꽃
송이송이 심어 주었다는 것도
알고 있어요

당신이 무지갯빛 타고
환하게 웃고 있다는 것도
알고 있어요

내가
당신 곁에 가야 할 날이
언제가 될지 알 수 없지만
하얀 박꽃은
끊임없이 피어날 것을
나는 알고 있어요

낙강洛江에 서다

시월의 어느 날 상주에 있는 나각산을 올랐다
소나무 우거진 숲속 극락전을 들어서니 숙연해진다
자연에게 나를 맡기고 하늘을 쳐다보는 순간
가을비 같이 흩어지는 설익은 낙엽들
나의 눈물 되어
우두둑 한바탕 쓸려 가는 정오쯤
나는 어디에 서 있나
내가 살아온 만큼 정상을 지나 능선을 지나 한참 오니
은빛 옷 갈아입은 낙동강에
나룻배는 오고 가는 행인을 기다리고 있다
어쩌면 나를 기다리고 있었으리
내 인생 준비해야 할 시간
은빛같이 고운 웃음 흘리는
저 강물 위로 나를 흘려보내고 싶다

한 송이 꽃, 가지고 싶다

산에 핀 꽃 바람 때문에
개울가 핀 꽃 홍수 때문에
땅 위 핀 꽃 흙먼지 때문에

창문 너머 부슬비 내리는 새벽
한 송이 꽃,
가슴에서 피울 것이다
지금 당장 꽃망울 터트릴 것이다
꽃이여 피어라
지금까지 일구어 낸 소중한 꽃
바람과 흙먼지 홍수도
두렵지 않은 혼자만이 예쁜 꽃
가꾸어 볼 것이다

달맞이꽃

금산 적벽강변에 그가 산다
오늘도 뜨는 달맞이하느라고
노란 저고리 입고 초록 치마 두르고
저녁부터 부산하게 몸단장하고
수줍게 마중 가는 걸 나는 보았지

휘어진 허리 껴안은 채
달라붙은 물안개 뒤쫓아와
등 떠밀어 주는
그의 체온에 녹아 버린 물안개
달, 달, 달맞이
꽃, 꽃, 꽃이라 한다

단술

오늘은 단술을 한번 해 보려고 한다

식혜, 감주甘酒라고도 말하는 단술

내 나이가 육십 넘어 칠십을 바라보는 때에 단술을 만드는 법을 배운다

나는 그동안 무엇을 했나 뭘 했지 내 가족에게 미안한 마음이 든다

오늘따라 큰아들의 다섯 살 때 이야기가 가슴을 뚫고 회오리바람같이 지나간다

"엄마는 왜 단술 안 해 주노? 외할머니는 잠을 자다가도 해 주던데"

하고는 눈물을 뚝뚝 떨구던 아들

"느닷없이 단술은 무슨 단술" 한 귀로 흘려들었다

십 년쯤 더 흐른 뒤에 울 엄마께 물었다 아들에게 단술 해 준 이야기

"야 야, 귀한 손주가 먹고 싶어하는 걸 해 줘야지. 숭늉에 설탕을 타서 줬더니 벌떡벌떡 마시고 잠을 잘 자더라." 하시던 울 엄마

엄마 생각, 아들 생각에 사십이 훨씬 넘은 아들 주려고 단술을 만든다

달콤하고 감칠맛 나는 단술,

나에게는 엄마 사랑과 효자 아들이 만들어 내는 술이다

대마도 방문

대학 동문들과 부산에서 배를 타고 대마도에 갔다
일본 청년과 정략결혼한 덕혜 옹주의 비석
쓸쓸하게 서 있어 절로 고개가 숙여졌다
일정에 따라 요양원을 방문했다
비록 바다 건너 다른 나라
말은 통하지 않아도 우리 인간은 같은 마음이다
두 손을 잡아 보니 엄마같이 따뜻했다
너무 쓸쓸해 보이고
바로 그 자리가 내 자리인 것 같아 잠시 먹먹했다
아직도 가슴 울룽거리고 있다

하늘 아래 태어난 생명은 다 떠나게 된다
우리 생도 구름 따라 가야 한다

연두軟豆

봄은 내려앉고 여름이 일어서는 참에
연두들이 재잘거리면
군데군데 스치는 바람에게 고운 몸 내주는
때늦은 진달래 붉은 입술
그를 본 저 여자
바지를 점벙 적신다

연두들아 천, 천, 천천히 걸어라
푸르락 색깔 준비할 시간 좀 주려무나
정신없이 뛰어오는 너희들 땜에
신발 고쳐신을 틈이 없다

둘레길 걸으며
푸른 호수 하나 덮어쓰고
제비처럼 걸어오는 푸르름 앞에
무릎을 꿇는다

나는 돌아왔다

나를 기다리는 집으로 돌아왔다
내 위치. 내 운명이 걸린 장롱 속엔
세월을 떨군 옷들이
긴 한숨으로 나를 기다린다

딸네 예쁜 쌍둥이 외손녀들과 7년
서울 사는 아들 며느리 손주와 4년
더불어 생활하며
오고 가던 열차 속 아름다운
꽃들과 함께했던 시간들
뿌듯하고, 심장이 활발하게 쿵쿵거렸다
이제는 안녕

내 안에서 나를 찾아온 공간
잎도 꽃도 피울 것이다
할 수 있다
배울 수 있다

가야 할 목표가 저 언덕 너머에서

나를 기다린다
나의 영원한 동반자는 내 그림자

장롱 속엔 봄 여름 고운 옷들 가득하다
예쁜 꽃들을 꺼내어 입어 본다
구식이다
몸에 맞지 않는다
많은 시간들
지켜 주었던 그들을 다 버리기로 했다

텅 빈 옷장에 잘 어울리는 옷들로 채울 수 있다
내 나이에 꼭 맞는 우아한 옷으로 채울 수 있다

씨줄과 날줄로 엮어진 돌아온 세월엔
한 땀 한 땀 인고의 노력이 배어 있다

내가 돌아온 공간에
경건한 마음으로
다가오는 미래의 꿈을

내 안에 희망의 한 땀 수를 놓는다

바다의 울음

그렇게도 울었네
그렇게도 울고 있네
바다야, 파도에게
그만 울게 다독여 줘라

화가 난 그는
그냥 울고 울고
소리 내어 울고 있다

슬프게 울고 있는 너를 보니
내가 나를 다독인다
바다는 그를 안아 준다

때늦은 예금 통장

가파른 세상 통장 하나 없이
빈 가슴으로 지나온 흔적
잠에서 깨어 통장을 만들기 시작했다
슬플 때, 괴로울 때, 행복할 때
꺼내 볼 수 있는 예금 통장

그리운 얼굴 예쁜 꽃
신나게 나를 웃겨 주던 추억들
좋은 음식 함께하던 세월
나를 사랑해 준 나무
좋은 곳 여행했던 시간
나를 동생이라 불러 주던 멋진 사연도 함께 넣었다
시를 쓸 때 즐겁던 얼굴 언니라 불러 주던 예쁜 꽃들
몸이 아파 병원 누워 외로움에 지쳐 있을 때
휠체어를 태워 주던 천사 같은 간호사 선생님
회진 시간에 쳐다볼 수 없을 만큼 수줍던 시간
다정다감한 선생님의 멋진 모습도 넣었다

통장은 많을수록 행복해

이 많은 통장 언제나 꺼내 볼 수 있는
꽃과 별과 같이 아름답고 행복해
아무도 가져갈 수 없는 꽉 채워진 든든한 친구
활짝 웃고 있는 소중한 세월을 이고 있는 통장

바람 소리

하늘은 젊다
넓은 대지 위에 누워 본다
어디서 나를 부르는 소리가 들린다
꿈결인 듯 나를 부르는 소리가 들린다
심장 뜯은 소리 윙윙

푸른 바람이 일어난다
삶과 우주를 엇누비는 매운바람 소리에
두 팔을 훠이 훠이 내저으며
목이 하얗게 쉬도록 불러 본다
저
바람 소리에
풀벌레가 발길질하며 나를 깨운다

산벚꽃

만삭이 된 숭고함 지나
오늘 아침 쌍둥이 공주들이
응애응애 야단이다

세상 밖에 나와 몸 가눌 수 없을 순간
한숨 한 번 물 한 모금 머금고
뒤돌아본 순간
산벚꽃이 폭발한다
사월이 되기도 전
온 천지 별이 되었다가
형광등이 된 꽃잎
숨겨 놓을 수 없는 자연의 원리
가야 할 때는 소리 없이 지는 너를 본다

산벚꽃 진 그 자리
쌍둥이 공주들이 꽃처럼 환하다

별이 앉은 자리

쏟아진다
별들이 쏟아진다
어두운 내 그릇에 주워 담아 본다

내린다
눈이 내린다
천사 같은 눈이 마구 내려온다
찢겨진 상처 얼룩진 가슴에
청순함을 담아 본다

캄캄한 온 세상 광명을 찾던
별들이
수북이 내려앉는다

봄밤

봄밤은
취하는 밤이다
봄밤은
차 한 잔에도 취한다
봄밤은
황홀한 밤이다
봄밤은
혼자 있어도
행복한 밤이다

빈 집터

이십 년 만에 고향 집 방문을 연다
아래채 할머니 빈소 방엔 향내가 나고
대청마루엔 아버지 글 읽는 소리 들린다
부엌에는 행주치마로 얼싸안아 준 어머니 품이 있다
뒤뜰 장독대 뒤 돌배나무 주렁주렁
무명 치맛자락 끝 육 남매 주렁주렁
깔깔거리는 웃음소리 안방에서 들린다
앞마당 고목이 된 감나무 한 그루
입을 꾹 다물고 침묵을 깨뜨리고
우리를 마중 나온다
네 자매 그 나무 부둥켜안고 사진을 찍는다
고무줄놀이하던 앞마당에는 잡초들만 재갈거린다
장독대 뒤 접시꽃도 돌배나무도
어머니 아버지 따라갔는지 보이지 않는다
흔적 없이 많은 세월, 빈 집터만 지키고 있는 나목 한 그루
초겨울을 재촉한다

육 남매 둥근 밥상 둘러앉혀 놓고
"정직하게 최선을 다하며 살아가야 한다"

하시던 아버지 말씀이 잡초 속에서 엄숙하게 들려온다
그 말씀 따라
가난에 지친 큰오빠 이불 봇짐 하나 메고 오십 년 전
대구로 가서 사업가로 큰 성공하였다
사십 년 전 서울로 간 남동생 금융감독원 부국장으로 정년퇴임
지금도 빛나고 있다
난 대구로 출가하여 시인으로 활동하며 오늘도 글을 쓰고 있다
언니, 두 동생 대구로 출가하여 정직, 최선으로 열심히 살아가고 있다
천사 같은 울 엄마
고픈 배 움켜쥐고 자식 입에 한술 더 넣어 주시던
어머니 맑은 미소 극락세계에서 웃고 계시겠지
무너져 가는 담 너머 옆집 친구의
수줍던 모습 새록새록 돋아난다

내 나이 예순이 넘어 고향 집 마당에 서서
터줏대감 감나무에게 지난 세월을 물어본다

사람과 강물

사람과 사람이 만나
서로 좋아하면
두 사람 사이에 물결이 튼다

한쪽이 슬퍼지면
균형이 맞지 않는다

서로가 기뻐서 출렁이면
그 물결이 밝게 빛나서
그 사람 웃음소리가 들린다

처음은 물결이 짧고 어색하지만
서로 물결을 자주 보내 주면
넘치지도 마르지도 않은
강물 같은 유유한 사랑이 흐른다

큰 강물은
시작과 끝을 어차피 알 수 없지만

항상 맑은 물결을 고집하는 사람과
친하고 싶다

6월 사천泗川

사천 고속도로 톨게이트 빠져나와 한참 가다
사거리 첫 집으로 들어갔다

신선한 느낌을 받는다
해감한 재첩 한 중발中鉢
살아 꿈틀거리는 그들

부추, 청홍 고추로 고명을 한 재첩국
탱글탱글한 조갯살을 씹으면
지쳤던 몸과 마음을 달래기에는 그지없다

그들이 몸속으로 파고들 때
나의 깊은 곳까지 섬진강물이 흐른다
바닷물과 강물이
어우렁더우렁
우리 삶에 살맛을 준다

삼천배

교만과 오만으로
소중함 잃어버리고
흘리는 눈물
죽을 만큼 괴로웠다
얄팍한 고무신 신고
가시덤불 속
칼바람 밟으며 걸었다

삼천배 꽃 핀다
잎이 파랗게 피어난다
석삼년 연속 연속 삼천배
환희의 세계로
훨훨 날개 달아 춤춘다

부처님 미소도 납하신다

선인장

우리 집 창가에 오래된 선인장
자기 몸을 보호하기 위해
가시로 덮은 그를 본다

항상 목말라
갈증에 허덕인 그를
물을 꾸역꾸역 줄 수도 없다
그는 원래 물을 싫어했다

우리 안방엔 햇살이 잘 들지 않아
하루 종일 기다리면 가끔 다녀가곤 하는데
많은 세월이 지나간
오늘
그가 꽃을 피웠다

너를 보고 나를 본다
그냥 무심히 버려진 그에게

이제야 꽃피울 줄 몰랐다고
해맑은 미소로 꽃피울 줄 어찌 내가 알았겠나

소월지

하늘은
부드러운 비단 치맛자락 펄럭이는 날
대구에서 멀지 않은 와촌
섬 같은 산골을 찾았다
산길 구불구불 휘어진 곳을 찾아
잔잔한 은빛으로 수놓은 물결 위에
노를 저어 주는 멋진 소년 같은 할아버지
재래식 화장실과 못물로 생활하면서
전기도 없는, 텐트 하나 벗을 삼아
해맑은 청춘 같은
70대 할아버지 따라 옆집 나들이 갔다
통통배 타고 건너간 옆집은 움막집
커피도 아무것도 없다고 하는 60대 할아버지
흙속에 묻어 둔 무 두 개 꺼내 준
정겨운 가족 같은 그분들 사랑에
소월지가 숙연해지며
욕심이 득실거리는 세상에
복사꽃 핀다

응원

강물이 바다로 흘러가다
허기진 수양버들 가지가
돌부리에 걸려 몸부림친다
세찬 바람에 휩싸여 흘러가다
든든한 나목에 얹혀 올라탄다
노 저어 주지 않고도 잘 흘러간다
아슬아슬하면서도
춤추며 노래까지 부르는 그가
바다까지 흘러갈 수 있을까
계곡도 지나고
태풍도 지나갔으니
너울너울 박수 쳐 주면
고운 가을 햇살 받아
흘러갈 수 있을까

돌부리에 걸리지 않고
잘 흘러갈 수 있게
내 마음을 내어 준다

숲에 서다

우리가 하나가 되지 않고는 숲을 이룰 수가 없다
푸르름을 함께 부비고 부딪치면서
춤을 추지 않고는 하나가 될 수가 없다

내가 너를 범했으니 하나가 되었고
네가 나를 사랑하니 숲을 이룰 수가 있었다

찬란하게 흔들리던 순간들이 춤을 추고 있다
땡볕 아래서도
황홀한 사랑 영원할 줄 알았는데
숲의 푸름이 변해 가고 있다

한 잎 두 잎 낙화가 되어 앙상한 뼈만 남아
차가운 바람결에 울고 있다
어쩌다 한두 잎 버티고 있는
너를 보니
갈 길이 따로 있다는 것을 이제야 알겠다

싱그러웠던 너와 나 영원함은 없으리

너는 너대로 나는 나대로
갈 길이 다르다는 것을
이제야 알았네
이제야 알았네

꽃상여

오늘은 네가 아름답게 보이지 않구려
요양병원 하늘 공원에 피어 있는 너
어제 해 질 무렵
그리움을 접어 둔 당신

오늘 아침 만난 새하얀 영산홍
지난밤에 내린 빗방울
뚝뚝 눈물 떨구고
예서 참고 있는 청순한 그대여
피할 수 없는 그 자리에 앉아
하늘 위에 피어 있었네

날 수도 걸을 수도 없이
울고 있는 하얀 영산홍
나는 그를 슬픈 꽃이라 불러 본다
내가 슬플 때 만나면 외로운 꽃

오늘 머리 하얀 할머니
목탁 소리에

둥실둥실 두둥실 떠가는 구름 타고
슬픈 꽃 따라간다

3

쑥부쟁이 꽃

나에게도 가을이 올까
한 번쯤 불태울 수 있을까
화려한 단풍나무에게
왈칵 불 지펴

황홀한 춤 추며

높은 산중턱
색소폰 연주로
너울너울 춤추며
가을은 가까이 가까이

나, 꽃이야 이름 있는 들꽃
쑥부쟁이 꽃
길바람이 나를 불리앉힌다
그 자리 내 자리
그 이름 내 이름
가을은 차갑게 차갑게 지나간다

어쩌나

어쩌나 어쩌나
별 보고 노래했건만
구름 타고 둥실둥실 춤추었건만

가파른 길 따라오다
무르익은 석류나무 아래서
사랑을 완성시킨 그
흔들면 터질 듯하고
건들면 알몸으로 투신할 것 같은
그가
노래를 부르고 있는
그를 본다

아, 무명 치맛자락 펼쳐서
청색 하늘과 사랑에 찢긴 그를
함께 담아
보자기에 고이 싸서
내 거울 앞에
살아온 만큼 진열해 놓을 거야

영천 만불사

인연 속 인연이 연줄 같은 길이다
만불사 법당 뒤로 돌아가며
영혼들은 부처님 뒤를 따라
덩실덩실 춤을 추며
극락을 넘나드는 모습이 보인다

부도탑을 돌아서 나오면
철쭉과 목단꽃들이 에워싸고
무지갯빛은 파도처럼 넘실거린다

그 속을 들어가며 장구 치고 북 치고
피리까지 불며 놀고 있는
영가들의 환희의 빛을 본다

영천 만불사는 살아서도 죽어서도
한곳에 인연이 길게 뻗어 있다

예순에 심은 소나무

죽을 만큼 괴롭고 슬플 때
가난한 소나무 한 그루
큰 화분에 옮겨 심어 놓고
정성을 다했지만
잎이 시들시들 말랐다

산에서 살아야 될 그가
현관 앞에 서서 집을 지킬 수 있을까
서리가 허옇게 내린 가을밤도
어둠이 짙게 흩어진 겨울밤도
그를 살리려고 혼신을 바친다

5년이 지난 지금
그는 빙그레 웃음을 띠며 손짓한다
가을행 열차는 소리 내어 나와 함께 달려가고 있다

오늘도 눈을 뜬다

흐린 날, 한 조각 뜬구름 끌고 와서
진실과 아름다움을 섞어서
나들이 나온 빗방울과
함께 펼칠 예정이다

구름 머물고 간 자리
한 덩이 태양을 머리에 이고
색동다리 한 자락
너울거리며 나를 부른다

오색구름 찬란한
너 앞에서
오늘도 눈을 뜬다

요양병원

말 그대로 요양하러 현지답사 왔다

내 머리와 다리는 앞을 다투다가
갈비뼈가 많이 다쳐 버렸다
머리와 다리 균형이 안 맞다
머리가 까불면 다리가 힘이 든다던데
아니야 아니야
이제는 함께 가자고, 두 손 들고 엎드렸다

파계사 이시아요양병원에 오고 알았다
나의 인생, 감사와 고마운 친구
선배 후배 자식 전부가 고맙다
춤이라도 추고 싶다
다리가 아니라서, 팔이 아니라서, 머리가 아니라서
내가 나에게 감사의 절을 한다

요양병원은 선입견으로 슬프고 외로운 곳이라 생각하는데
동화사 가는 길 파군재삼거리 파계사 쪽으로 오십 미

터쯤 오면
　멋진 이시아요양병원이 보인다
　간호사 선생님 복지 선생님 물리치료사님 한의사 선생님 원장 선생님
　너무 친절하시고, 넓은 방, 쾌적한 분위기, 하늘공원

　산책로 앞뒤로 산벚꽃 박수치는 중
　진달래가 봄볕에 입술 내어 주는 지금
　봄 향기에 취해 흔들흔들
　물리치료실에서 만난 천사 같은 분
　환한 웃음으로 말해 주신 엄마 언니 같은 꽃이여
　이젠 늙어도, 아파도 두렵지 않아요
　행복의 집, 든든한 가족 같은 선생님들 속에서 잠시 쉬어 가는 곳
　인생길에서 머물 수 있는 여기,
　너무 좋아요 이런 곳 없어요

*꽃과 공기와 친구가 될 수 있게 추천해 준 병원장 사모님께 감사드립니다.
이시아요양병원에서 꿀잠을 자고 떠나갑니다.(2023년 4월 5일)

욕지도

나는 빠져 버렸다
그대 매력에
내가 푸르다

여행은
내 마음을 사로잡는다
통영 삼덕항에서 자동차를 싣고
욕지도로 떠난다

내리자마자 그를 끌고
나를 끌고
으스름한 저녁노을을 타고
섬 한 바퀴쯤 돌아보니
푸른 바다 하늘 닿은 수평선
한입 쑤욱 들어가는 고등어회

섬 한쪽 얕은 곳
사랑에 빠져 버린

나를 잡고
파닥거리는 시간을 잡아 본다

이천 원의 행복

때로는 혼자서 재래시장 찾고 싶을 때가 있다
허전함을 채우고 싶을 때 서문시장 골목 찾았다
상인들이 눈을 맞추려고 왁자지껄 야단법석일 때
짜랑짜랑 들리는 목소리
등 굽은 할머니 복띠 등에 매고
도넛 사 줄까?
밝은 목소리
용돈 있어 기쁜 목소리 들린다
아흔쯤 보이는 노부부
네
돈 있어 해맑은 목소리에
나를 설레게 한다
흩어진 정신을 정착시켰다

도넛 3개 천 원 소리에
허리춤에 달아 놓은 보따리 속 꺼낸 이천 원
행복해 마주보는 노부부
행복도 곱셈
나도 덩달아 행복하다

인연

좋은 일만 기억하면 향기가 나고, 좋은 사람과 물결을 주고받으면 그 물결에 휩싸여 푸르고 맑게 한 곳으로 사품 되어 간다.

나는 부처님의 인연 속에 있다고 생각하지만 부처님 법도 모르고 그냥 절이 좋고, 부처님의 미소가 좋아 절에 다녔다.

숱한 세월이 지난 오늘에야 그동안의 나의 불자 생활이 남부끄럽고, 한편 경외심이 솟아 엎드려 절한다.

가슴 한 켠 늘 부처님을 모시고 살면서도 헛된 망상에 끌려다닌다. 망상을 떨쳐 버릴 그날이 언제가 될는지 모르지만, 그때까지 부처님을 놓치지는 않으리라 다짐한다.

주로 백담사 오세암을 자주 가곤 했다. 그러던 어느 날 남편이 저세상 부처님께 가고 말았다. 남편의 영혼을 만불산 만불사萬佛寺에 부도탑으로 모시고 부처님과 한 걸음 더 가까워졌다. 남편이 잠들어 있는 만불사, 천년을 보장한다는 그곳을 통해 남편과 나는 또 다른 모습으로 이승과 저승에 걸쳐 있다.

정취암

정취암 찾아가는 길목
소복 입고 고개 숙인 여자들
줄지어 서 있다
왜소한 몸으로 제 몫을 다 하기 위해
긴 길 사이 구불텅한 한 모퉁이에서
미소 짓는다

부처님 찾아가는 길목
구절초 있어
정취암 부처님 웃음으로 반겨 주고
스님의 장삼 자락 끝에
보살들의 웃음꽃이
하얗게 피어난다

청산도

완도 여객선에 자동차를 싣고
말만 듣던 청산도
섬은 사랑을 느끼는 곳이다

문어 줄돔 전복 바다를 만끽한
그들과 대화를 끝내고
범바위 근처 날고 뛰고
뱃고동 소리에
전화기 범바위
‘부웅’ ‘부웅’

어쩌나 어쩌나

추어탕

서울 오류동 가면 조그마한 남원추어탕 집 있다
가끔 그 집 찾아갔었는데
내가 가면 주인 사장님은 빙그레 웃음도 함께 내준다

친구는 그 집 근처에 살고
우린 만나기로 하면 모르는 사이에
약속 장소를 거기로 한다

눈이 펑펑 쏟아지는 날도
땀이 삘삘 흐르는 여름날에도
신선한 부추와 텁텁한 들깨 가루

나락이 누렇게 익어갈 때쯤
시골 옆집 오빠 논도랑 물에서
도망가다 잡힌 미꾸라지 생각하며
하얀 쌀밥 두 숟갈 넣고 추탕鰍湯에 말아서
푸푸대며 뜨거운 맛을 본다
한 입 두 입 말씬하게 입 안에 든 향
맛있게 움쑥거린다

그와 마주앉아 미꾸라짓국 한 그릇
행복이 가득하다
한동안 잊고 있었던 그 친구 만나면
난 “추추” 그는 “탕탕” 장단이 맞다

허기진 삶, 우리 생도
한 그릇 탕 같은 삶
사랑도 칼칼하게 끓여야 제맛이 우러날 것이다

태풍

그가 온다는 소식에 제주행 비행기를 탔다
코로나가 한창 위험한 시기에 여행 준비를 하며 약간은 불안했다
여행은 누구하고 하는가에 더 설렌다
한 번쯤 태풍처럼 미쳐 보고 싶었다
도착 후, 야시장에 들렀다
들어 보지도 먹어 보지도 않았던 칠면조 바비큐와 술 한 잔에
화려한 야시장도 나와 함께했다

그를 맞이한 하루는 떨리고 불안했다
그가 정신없이 달려온다
천둥 바람 소나기까지 무서운 하루다
대형버스가 흔들흔들
나무뿌리가 없어지고 자빠지고 앞이 잘 보이지 않는다
제주 바다 파도는 한라산 능선을 넘어 달려와
사랑을 느끼게 한다
억수로 쏟아지는 소낙비는 다른 세상을 구경시켜 준다
세상을 아름답게 생각하면

무서운 것이 없고 평화롭지 않은 것이 없다
그는 나를 정신없이 흔들어 놓고 싱싱한 바다 한 접시
남겨두고 기약 없는 날을 약속한다

지긋지긋한 코로나를 만나고 싶지 않다
활기찬 그대여, 이제는 제발 코로나 가져가 다오

봄비

창밖에
비는 봄을 데리고
질곡의 겨울 끄트머리를 서성이다
처마 밑에 찾아든다

굵다란 빗방울이
뚝뚝
네 개 윷짝처럼 젖혀진다
옴폭 패인 빗자국

잠시, 환희에 젖어
유리창 너머 옛사랑 그림자가 아른아른
쿵쿵대는 가슴
열아홉 꽃송이가 바라지네

떨어지는 낙숫물 내 뜻 모르니
창문에 흐르는 빗물은
눈앞을 가리고
춘정春情이 비가 되어 내린다

하늘 법당

새벽부터 님 찾아
설레는 마음으로
충청도 가섭사 님이 계신 곳
그대들과 웃음 한 보따리 안고
아낌없는 사랑
돌고 돌아 숲길을 더듬어
하늘 법당 당도했다
님이 계신 하늘문 열고 보니
숲을 이고 환희의 웃음 활짝 꽃피우시네
나의 업을 이고 계신 님이시여
감사함에 엎드려 절합니다
숲을 가지런히 정리하여
내가 지은 과욕
옆자리에서 엎드려 절합니다

4

할미꽃

제기차기 땅따먹기하던 시절
뒷동산 무덤가에 피어 있던 할미꽃
본 적 많았다
무심코 세월은 가파른 재를 넘었다
찔레꽃 개나리 진달래 향기 많은 장미꽃들만
보고
아득히 잊었던 꽃

2013년 4월 20일 친구 옥분이 집 장독 앞에
수북이 쌓인 스무 포기쯤 굽은 등을 서로 기대고
겸손히 고개 숙인 꽃
지난 세월을 두드린다
전율은 불꽃으로 튄다
오래 숙성된
친구 가슴에서 피어나는 꽃이여

홍도의 밤바다

싱싱한 너를 잡아
소주 한 잔과 동반자 되어
내 몸속 세상 길을 찾는다
무척 행복하다
길을 찾아 헤매어 왔지만
금세 환한 길이 보인다
저녁노을은 나의 어깨 위에서
춤을 춘다
낙조도 바람 타고
붉은 세상을 만들고 있다
나도 덩달아 춤추며
세상 속으로 들어간다

황포강黃浦江

밤에 본 상해의 황포강
소리 없이 흐르는 강물은
찬란한 시간을 끌고

나는 너의 등에 업혀
소리 내어 불러 보는
순간들의 흔적을 잡아 보지만
내 손바닥에

한민족 조상들의 고픈 배를 채우려는
만주 땅 말굽 소리
나는 잠시 사색에 잠겨

오늘에 황홀한 순간을
동방명주東方明珠 높은 곳에 나를 얹이 놓고
상해의 유람선 심장 위에서
행복한 밤을 보내고 있다

흑산도 홍어

썩는 냄새 고약한 냄새
흑산도 냄새
썩는 향기를 맡으려고 그 속에 줄줄이 서서
텁텁한 막걸리 뒤를 따라 들어가 본다

감칠맛 나는 깊은 속까지
콧노래 장단까지 맞춰
또 보고 또 먹고
먹어도 너무 행복한 냄새에
후줄근히 젖어 들어
콧노래에 장단을 맞춘다
썩은 향이 노을을 휘감는다

나라가 혼탁하고
나라가 온통 썩은 냄새가 진동하니
이 냄새도 꿀맛이다

창틀에 부딪히는 낙엽

흔들리는 창틀 붙잡고
왈칵 화를 뿜는 바람에게
묻어 둔 사연 꺼내어 고백한다

웃고 울던 시간
하늘이 동강난 오늘
숨쉬기 힘들어
곤두박질치는 낙엽들아
눈물 거두어라
그만 울어라 여자야

아침 햇살이 붉은 등 다독인다

큰 산

영등포역에서 그녀를 만났다
인천행을 타려고 기다리고 있을 때
저 멀리서 손을 흔들며 한 여자가 뛰어오고 있다

키는 작고 머리는 크다 눈도 크다
머릿속은 꽉 차 있고 넉넉한 그녀가
문둥아, 문둥아 하고 부른다

그녀는 경주에 살고 나는 대구에 살고 있는데
기별도 없이 영등포역에서 만난 초등학교 동창생
나는 그녀를 큰 산이라고 부른다

지갑은 텅텅 비어도 큰일을 저지르는데 깜짝 놀랄 때가 많다
통만 가지고 건물을 사고 학문을 쌓고
셋방에서 사업을 시작해서 성공한 여장부
육십이 넘어 석사 박사 다 채운 유명 사업가
경주빵 여사장을 나는 큰 산이라 부른다

죽령재 넘는다

봄은 넘어간다
오천 년 조상들 넘던 재
육십 년 밥그릇 짊어지고
구부러진 능선 넘어 본다
널브러지게 돌아앉은 돌멩이들
해발 800m 산비탈에서
쉼 없이 구르다 보니 만신창이 되어
구불퉁구불퉁 움직이고 있는
소백산 죽령재 정상
맑고 푸른 엄마 품속
낮잠 자다 잠시 나들이 나와 이곳까지
흘러와 튕기고 튕기며 살아온 날들
원래의 모습인 듯 앉아
돌멩이들 깔깔거리고
허기진 허리띠 풀고
두 다리를 통통 두들겨 본다

취소

—1분을 기다려 주지 않는 시간

세월도 이런 거다
문학 일로 대전 갈 일이 생겼다
가장 좋아하는 지인들과 8시 13분 열차표를 하루 전에 구매했다
충분한 시간을 두고 집에서 나갔음에도
행단보도 엘리베이터 찾다 보니 딱 1분이 늦었다
눈앞에서 함께 가야 할 지인들을 태우고
문이 스르르 닫히는 열차를 보내고 차표를 취소했다
부랴부랴 다음 차표를 애매했다
이 또한 인생이로구나
내 인생에는 취소가 없었는데 차표 한 장 취소하는 오늘
어떤 징조일까. 가슴이 오그라든다
육십 평생 취소는 없었다
1분이 30분을 늦춘 인생이다
오늘부터 30분 늦은 생을 살아갈 것을 시간에 묻어둔다

벌써 아카시아꽃들이 야단이다

시간을 당겨서 온 아카시아 향기를 맡으며
30분 늦은 인생을 시작하는 오늘 5월 13일을 기억한다

우리 가족 화이팅

—대학 졸업 축하 파티

너희들의 건강이 나의 행복이다
너희들의 행복이 나에게는 청춘이다
너희들의 삶이 나의 삶이란다
내가 시인이 되었을 때는 너희들이 중고등학생
너희 아빠가 축하 파티를 열어 주었지
나는 너희들의 꽃, 손주 소녀를 키워 줄 때
가장 행복했단다

늦은 나이에 대학에 입학했을 때 축하 파티
졸업한다고 졸업 파티를 위해 오늘
분주하게 뛰는 아들딸 며느리 사위,
너희들 모습에 눈시울을 적신다
내 인생 뒤돌아보니 꽃다운 청춘은 어디로 가고
너희들의 행복한 모습에 나를 얹어 놓으니 얼굴이 볼그레해진다
이것이 인생이고 행복이고 삶이다

너희들 자랄 때 한 번도 내 마음을 슬프게 한 일이 없었다

공부도 잘했고 엄마 말도 잘 들어 주어 나를 행복하게 해 주었지

오늘은 너희 아빠 생각이 난다

앞으로도 항상 건강하고 젊게 살아 다오

엄마가 해야 할 일도 다 못해 주고 도움도 주지 못한 내가

이런 환대를 받으니 감사하고 고맙다.

초등 동창회 가는 날

딸그락딸그락 별들이 두들겨
새벽잠 깨워 주고 있다
곱게 물들인 나뭇잎 사이로
덜컥덜컥 함께 동행한다
오십 년 전 땅따먹기 하던
기억들 수놓으며
심장 가로질러
그립던 짝꿍 수돌이
징글맞게 변한 대머리
희준이 학이 옥이
손잡아 볼 수 있어 꽃피운다

행복했던 날

나에겐 6촌까지 만나는 연중행사가 있다
올해는 봉화 태백에 살고 있는 6촌 동생 집
우리 자매들은 함께 만나 행복한 여행길에 올랐다
멋진 밤 바비큐 모닥불 피우고
서울 거제도 대구, 각 지역에서 모여들어
강강술래, 나의 살던 고향, 노래로 흥겹다

산삼주 더덕주 잔을 돌릴 때 밤하늘 별들도 함께했다
태백산 두릅을 따기 위해 가시덤불 속을 헤맸다
가시에 찔려 피 흘리며 딴 두릅 향긋하다
두릅 향을 맡으며, 진통 속에 탄생시킨
아들이 태어나던 때를 생각한다
진통을 겪어야 향기를 얻는다
가시에 질려 아팠지만 귀한 두릅 한아름
참으로 행복했다

당신을 보내며

스물이 갓 넘어 맞선 한 번으로 당신을 선택했습니다.

못다 핀 꽃이 당신을 만나 40년 동안 수많은 꽃들이 피고 지고 했건만, 내 가슴에 맺혀 있는 꽃봉우리 이제나 저제나 피우길 기다렸건만 이제 막 피어나는 우리 둘의 꽃, 조금만 기다리면 완전한 꽃으로 피어날 텐데…… 평생을 우리 두 사람 준비한 꽃 피워 주지 않고 당신은 부처님 곁으로 떠나가고 말았어요.

서울 삼성병원에서 당신을 안고 '사랑했습니다'라고 목이 터져라 불러도 대답없이 두 아들 손을 꼭 잡고 내 가슴에 안겨 눈을 감고 말았어요.

당신의 따뜻한 체온 영원히 남아 있을 겁니다. 당신 옆자리에 내가 갈 자리도 마련해 두었습니다.

천년만년 함께할 것이라고 믿어 단 한 번도 진지한 대화도 못해 보고 너무 소홀했습니다.

철부지 아내를 감싸 주던 당신

화가 나서 화를 던지면 다 받아 주던 당신

이제 누굴 믿고 의지하며 어느 곳에 내 마음을 던질까요.

여보 사랑했어요.

40년 만에 처음으로 사랑이란 말을 해 보지만 우린 말하지 않아도 서로의 느낌으로 서로 사랑을 확인해 왔습니다.

아들딸에게 한 번도 욕한 일 없던 당신, 매를 든 일은 더욱 없었지요.

자식 사랑이 유달랐던, 지금 내리는 함박눈은 손녀들을 향한 사랑을 표시하는 것 같습니다. 당신이 떠난 후 첫 재를 올리던 날도 함박눈이 내려 당신 가시는 길 밝혀 주었지요.

형광등 불빛처럼 밝고 깨끗한 길은 부처님 뜻이라고 생각하지 않을 수 없었어요. 당신의 훈훈하고 착한 그 마음을 천지가 알아서 밝게 빛내 주셨어요.

올해는 미국 친구에게 가자고 약속해 놓았는데… 당신 친구 미국에서 전화 왔어요. 많이도 슬퍼했습니다.

다가오는 생일에는 불공드리러 백담사, 오세암 가자고 해 놓고 당신은 그 약속 저비리고 그렇게 떠나가야 했나요. 약속했던 구인사는 아들 며느리 손녀들 데리고 다녀왔습니다. 당신도 너무 좋다며 웃는 모습 나는 보았습니다.

할아버지 손을 잡고 유치원에 가겠다던 저 쌍둥이들 오늘도 할아버지 찾고 있어요.

고사리 같은 두 손을 모아 할아버지 영정 앞에 절하는 수연이, 나연이, 서윤, 아름다운 꽃들 다 두고 떠나셨나요.

아들딸 눈가에 맺힌 이슬 무정합니다. 야속합니다. 못 가게 잡아 보았건만 기어이 가고 말았어요.

유달리 절을 좋아하고 염불 소리 좋아했던 당신, 평소에 자주 찾아왔던 만불사 염불 소리 끊이지 않는 이 도량에 당신을 두기로 했습니다.

이승의 미련일랑 다 내려놓고 바람의 목마를 타고 구름 위에서 저 손녀들 재롱 바라보고 봄꽃이 피어나면 큰 호랑나비가 되어 훨훨 날아다니고 무성한 여름이 오면 활기차고 신선한 바람이 되어 더위를 식혀 주고 황금 들녘 가을이 오면 온천지를 나팔소리로 가을을 일으켜 세워 황금들녘으로 가난한 자에게 희망을 안겨 주고 추운 겨울이 오면 함박눈으로 세상을 따뜻하게 덮어 주길 바랍니다.

여보, 당신은 혼자가 아닙니다.

이렇게 이승에서 당신의 유전자가 마라톤 경기를 뛰고 있습니다.

자식 때문에 한 번도 걱정해 본 일이 없잖아요. 특히 효자 큰아들 철홍이 언제나 1등으로 부모를 많이 기쁘게 했지요. 돌콩 같은 둘째 민철이 자랑스런 이 나라 경찰이 되어 아버지를 즐겁게 했지요. 항상 모범이 되어 밝게 자라 학생들을 가르치는 우리 딸, 손녀들 당신의 알맹이들이 씨앗을 뿌리고 있어요.

당신도 행복하지요.

모든 걱정 다 내려놓고 저 좋은 세상에서 아프지 말고 죽음이 없는 세상에서 영원하길 바랍니다. 어질고 착한 당신은 저 아들딸의 가슴에 묻어 둘 것입니다.

뒤돌아보지 말고 훨훨 날아가세요.

저승 가는 길목에 꽃을 심기 위해 오늘도 당신을 사랑하는 많은 분들이 기노하고 있습니다.

당신이 이승을 떠나는 사십구제. 극락문 두드리는 소리 쩡쩡 울립니다. 극락문 열리는 소리 귓전에 들려옵니다.

얼마 전 부처님 세계로 들어가신 법정 스님 가시는

길에 함께하면 더욱 든든할 것입니다.

당신은 그 누구도 대신할 수 없는 길을 떠났습니다. 저는 알고 있습니다. 먼 길 떠나가는 길목에 목단꽃이 피어 있는 것을 나는 보았습니다.

부디 극락왕생하길 이곳 이승에서 빌고 빌겠습니다.

다음 생을 기약하며 당신은 많은 것을 남겨 놓고 갔습니다.

우리 아들딸, 며느리, 사위, 당신의 기대를 저버리지 않을 겁니다.

다음 생에는 부처님 공부 많이하여 큰스님으로 환생하길 기원합니다.

당신을 사랑하는 아내가.

해설

부처님을 생각하는 시

—정서리 시인의 시집 『오늘도 눈을 뜬다』를 읽고

해설

부처님을 생각하는 시

—정서리 시인의 시집 『오늘도 눈을 뜬다』를 읽고

김 용 락

시인, 전 한국국제문화교류원 원장

1.

서양의 어느 철학자 말처럼 인간은 '내팽개쳐지듯이' 어느 날 불현듯 이 세상에 왔다. 철저히 단독자이자 고독하고 불안한 존재이다. 애초 살과 뼈와 피로 이루어진 한 조각 무기물에 불과한 한 물질이 주변의 지형지물(?)에 의시해 한 사람의 인간으로 성장해 간다. 그 지형지물에는 부모 형제와 같은 원조적인 피붙이, 고향과 국가와 같은 지리적 공간 그리고 학교나 동창, 종교와 같은 부수적인 것들이 있고 그것들의 각각의 관계에 의

해 천천히 한 사람의 의미 있는 존재로 완성돼 간다.

그 길지 않는 인생길은 나그네 길이다. 하숙생이라고도 하고 무대 위의 연극이라거나 그림자라고도 한다. 그 인생의 짧은 유한성을 두고 해가 뜨면 말라 사라지는 아침 이슬과 같다고도 한다. 그런데 그 나그네 길을 허투루 걷지 않기 위해서 사람들은 지팡이와 같은 무엇엔가 의지해서 여정旅程을 나선다. 그리고 삶의 과정에서 진정한 '나[我]'와 '진리'를 찾기 위해 고투한다. 그 길 위에 문학과 예술이 있고 종교도 있다. 어떤 사람은 부와 명예를 쫓기도 한다. 부귀와 권력이 그 사람들에게는 인생의 최고 목표이기도 하다. 그러나 어떤 게 더 가치 있는 삶인지는 사람에 따라 다르다. 쉽게 판단하기는 어렵다.

적지 않은 사람들이 현실 삶에서 별 볼 일 없는 문학예술을 선택해 시를 쓰고 시인이 된 데는 시를 통해서 보다 나은 참 나[自我]와 진리에 도달하고자 하는 열망이 있기 때문일 것이다. 시는 현실에서 부귀와 명예나 권력이 아니다. 그런데 왜 시를 쓰고 시인이 될까? 그 대답을 정서리 시인의 제2시집 서문에서 편린을 엿볼 수 있다. "나는 호수처럼 맑게 거짓 없는 생을 살고 싶다

(시집 서문).” 시를 쓰는 사람은 아수라 같은 이 현실의 삶에서는 비쩍 마르고 추레한 가난뱅이일지 모르나 영혼은 호수처럼 맑고 진실하다. 영혼이 맑고 진실한 사람이야말로 진리의 문턱에 들어간 사람이다. 정서리 시에서도 ‘극락’이라는 단어가 나오지만 그런 사람은 고단한 현실을 살아도 이미 극락에 가 있는 사람이다. 간난艱難한 현실을 살면서도 정신적으로는 참 나를 찾아 품위 있고 위엄 있는 극락의 삶을 사는 사람이야말로 진정한 시인인 것이다. 그 삶에 도달하기 위해 우리는 시라는 나침반을 들고 인생의 긴 여정을 걸어가는 것인지도 모른다.

2.

정서리 시인은 현대불교문인협회 대구경북지회 회장을 지낸 분이다. 이 사회적 정체성은 정서리 시인의 시를 이해하는 데 중요한 단서가 될 수 있다. 나도 현대불교문인협회에서 처음 정서리 시인을 알았고, 이 분을 회장으로 모시면서 활동했다. 불교에 대한 신심이 깊고 매사 열정적으로 문학회를 이끌어 가셨다. 그리고 많은 훌륭한 가르침을 회원들과 동료 시인들에게 보이셨다. 이런 삶과 문학적 태도는 이번 시집의 각 시편에 잘 배여 있다.

이번 시집에는 크게 가족을 중심으로 한 애틋한 가족시와, 불교적 서정을 바탕으로 한 불교시 그리고 삶의 근원과 존재의 실존에 대한 문학적 고뇌가 영글어 있는 시들로 이루어져 있다. 앞서도 언급한 바 있지만 인간이 태어나서 가장 먼저 접하는 사회는 부모 형제를 비롯한 가족이다. 이후 성장해서 결혼하면 배우자와 자식이 가장 가까운 가족인 것이고 말하자면 1차적 사회인 것이다. 이 관계는 한 사람의 사상이나 인격을 형성하는 데 매우 중요한 역할을 한다.

우리가 잘 알고 있는 프랑스의 소설가이자 철학자 장 폴 사르트르는 태어난 지 15개월 만에 아버지가 죽는다. 그리고 그는 외가에서 외조부의 손에서 자란다. 훗날 그가 세계적으로 저명한 작가이자 철학자로 성장한 후 그의 자전소설 격인 『말』이라는 책에서 아버지의 이른 죽음이 자신에게는 행운이었다고 말한다. 그 까닭은 아버지의 억압이 부재해서 어려서부터 자유로운 생각을 할 수 있었다고 했다(사르트르의 어머니는 아프리카 의료 선교로 노벨평화상을 수상한 유명한 앨버트 슈바이쳐 박사와 4촌간이었다. 말하자면 사르트르는 프랑스의 부르주아 가정에서 태어나 계급 유지의 억압을 받았을 수 있다. 한국으로 치면 열심히 공부해라, 명문대 진학해 출세하라, 가문의 명예를 지켜라. 등등 세속적인 억압).

사르트르와 여러모로 비교되는 프랑스 소설가 까뮈 역시 두 살 때 아버지가 죽는다. 그래서 세탁 파출부 일을 하는 어머니 손에서 가난하게 자랐다. 후일 까뮈 역시 자신이 자유를 배운 것은 마르크스K. Marx가 아니라 가난이었다는 말을 글에서 남긴다. 철학자 니체도 목사였던 아버지의 정신병을 이어받아 결국 정신병으로 죽고, 독일 시인 휠더린도 아버지의 정신질환을 이어받아 37년 간 정신질환의 어두운 고통 속에서 몸부림치다가 죽은 사실은 세계 지성사에 유명한 일화이다. 가족이라는 관계는 인간들에게 이런 식이다. 어떤 형태로든 인간의 삶에는 가족의 그림자가 드리워지기 마련이다. 당연히 시인들의 시에는 유·무형으로 가족의 삶과 관계가 드러난다.

정서리 시인에게 가족은 1차적인 시의 소재가 되고 있다. 「단술」「산벚꽃」「빈 집터」「우리 가족 파이팅」 같은 시들이 가족의 애틋함과 가족을 통해 삶의 구체적인 일상이 감명 깊게 그려지고 있다. 이들 시에서 나타난 가족은 정서리 시인에게는 사랑과 긍지가 넘쳐난다.

좀 길지만 다음 시를 보자.

> 나를 기다리는 집으로 돌아왔다 / 내 위치. 내 운명이 걸린 장롱 속엔 / 세월을 떨군 옷들이 / 긴 한숨으로 나를 기다린다 // 딸네 예쁜 쌍둥이 외손녀들과 7년 / 서울 사는 아들 며느리 손주와 4년 / 더불어 생활하며 / 오고 가던 열차 속 아름다운 / 꽃들과 함께 했던 시간들 / 뿌듯하고, 심장이 활발하게 쿵쿵거렸다 / 이제는 안녕 // 내 안에서 나를 찾아온 공간 / 잎도 꽃도 피울 것이다 / 할 수 있다 / 배울 수 있다 // 가야 할 목표가 저 언덕 너머에서 / 나를 기다린다 / 나의 영원한 동반자는 내 그림자 // 장롱 속엔 봄 여름 고운 옷들 가득하다 / 예쁜 꽃들을 꺼내어 입어 본다 / 구식이다 / 몸에 맞지 않는다 / 많은 시간들 / 지켜 주었던 그들을 다 버리기로 했다 // 텅 빈 옷장에 잘 어울리는 옷들로 채울 수 있다 / 내 나이에 꼭 맞는 우아한 옷으로 채울 수 있다 // 씨줄과 날줄로 엮어진 돌아온 세월엔 / 한 땀 한 땀 인고의 노력이 배어 있다 // 내가 돌아온 공간에 / 경건한

마음으로 / 다가오는 미래의 꿈을 / 내 안에 희망의 한 땀 수를 놓는다

—「나는 돌아왔다」 전문

이 시는 "딸네 예쁜 쌍둥이 외손녀들과 7년 / 서울 사는 아들 며느리 손주와 4년"을 돌봐주고 집으로 돌아오면서 다짐하는 시인의 마음이 잘 드러나 있다. 할머니의 손자들에 대한 황혼 육아는 이미 사회 문제가 된 지 오래이다. 그러나 이 글에서는 그런 사회학적인 문제는 논외로 한다.

"내 안에서 나를 찾아온 공간 / 잎도 꽃도 피울 것이다 / 할 수 있다 / 배울 수 있다 // 가야 할 목표가 저 언덕 너머에서 / 나를 기다린다 / 나의 영원한 동반자는 내 그림자" "내가 돌아온 공간에 / 경건한 마음으로 / 다가오는 미래의 꿈을 / 내 안에 희망의 한 땀 수를 놓는다"는 각오처럼 자연인 정서리는 자기 갱신과 노력을 통해 시인이 되고(「빈 집터」) 뒤늦게 대학생(「우리 가족 화이팅」)의 꿈도 이룬다. 한 인간의 생애에 이 보다 더 기특하고 복된 일이 어디 있겠는가? 이것은 정 시인이 일상 생활에 안주하지 않고 새로운 세계, 무명을 떨

치고 환희의 앎을 얻으려는 노력에 의해 가능한 것이다. 이런 태도는 많은 사람들에게 감동을 준다.

정서리 시인이 현대불교문인협회 대구경북지회 회장을 지낸 이력에서 알 수 있듯이 부처님에 대한 신심도 깊다. 당연히 이번 시집에는 불교와 부처님에 대한 시가 많다. 「삼천배」, 「인연」, 「영천 만불사」, 「정취암」, 「하늘 법당」에는 시인의 부처님에 대한 원력이 잘 드러나 있다.

교만과 오만으로
소중함 잃어버리고
흘리는 눈물
죽을 만큼 괴로웠다
얄팍한 고무신 신고
가시덤불 속
칼바람 밟으며 걸었다

삼천배 꽃 핀다
잎이 파랗게 피어난다
석삼년 연속 연속 삼천배
환희의 세계로
훨훨 날개 달아 춤춘다

부처님 미소로 답하신다

—「삼천배」 전문

정취암 찾아가는 길목
소복 입고 고개 숙인 여자들
줄지어 서 있다
왜소한 몸으로 제 몫을 다 하기 위해
긴 길 사이 구불텅한 한 모퉁이에서
미소 짓는다

부처님 찾아가는 길목
구절초 있어
정취암 부처님 웃음으로 반겨 주고
스님의 장삼 자락 끝에
보살들의 웃음꽃이
하얗게 피어난다

—「정취암」 전문

선한 인간이 가장 경계해야 할 것 중의 하나가 "교만과 오만"이다. 주변과 비교해서 돈이나 권력이나 명예가 자신이 조금만 더 낫다고 판단하면 분별심이 생겨 교만하고 오민해지기 쉽다. 그래서 남을 무시하고 깔본다. 이것은 이 세상에서 큰 악업을 짓는 일이다. 부처님의 말씀을 공부하는 사람이라면 이런 마구니 같은 마음을 항상 경계해야 한다.

「삼천배」는 어떤 일인지는 모르겠으나 시인이 교만과 오만으로 인해 소중함을 잃어버리고 죽을 만큼 힘든 큰 좌절을 겪는다. 그래서 석삼년을 연속해서 삼천배를 이룬 끝에 환희심과 부처님의 미소를 찾는다는 내용이다. 삼천배를 해 본 사람은 알겠지만 시간도 오래 걸리고 육체적인 고통은 이루 말할 수 없을 지경이다. 그런 참회의 과정을 거쳐 비로소 고요한 선정의 마음을 되찾는다.

불교의 중요한 가치가 하심下心이다. 겸손하고 자신을 낮추고 내려놓는 것이다. 분별심을 없애 세상과 사물을 늘 자비심을 가지고 따뜻하고 평등하게 대하는 것이다. 그러나 그 경지에 이르는 것이 보통 사람에게는 쉬운 일이 아니다. 그래서 사람들은 사찰에도 가고 부처님을 찾는지도 모른다.

「정취암」은 그런 범부들이 부처님을 찾아가는 광경을 그린 시이다. 정취암은 지리산 산청군에 있는 암자로 기도처로 유명한 곳이다. 주지인 수완 스님은 현대불교문인협회를 결성하고 문학잡지를 오랫동안 발간해 기도와 문학을 통한 포교의 공덕을 베풀고 있다. 그 정취암을 가면서 시인은 길가 구절초를 보고 "소복 입고 고개 숙인 여자들"로 비유하면서 부처님 웃음과 스님의 장삼 자락에서 보살들의 웃음꽃이 피어난다고 주장하고 있다. 이렇게 부처님을 문학에 수용하는 과정을 통해 시인은 하나의 완성된 인격체로, 한 단계 높은 새로운 경지를 체험하고 있는지도 모른다.

좋은 일만 기억하면 향기가 나고, 좋은 사람과 물결을 주고받으면 그 물결에 휩싸여 푸르고 맑게 한 곳으로 사품 되어 간다.

나는 부처님의 인연 속에 있다고 생각하지만 부처님 법도 모르고 그냥 절이 좋고, 부처님의 미소가 좋아 절에 다녔다.

숱한 세월이 지난 오늘에야 그동안의 나의 불자 생활이 남부끄럽고, 한편 경외심이 솟아 엎드려 절한다.

가슴 한 켠 늘 부처님을 모시고 살면서도 헛된 망상에 끌려다닌다. 망상을 떨쳐 버릴 그날이 언제가 될는지 모르지만, 그때까지 부처님을 놓치지는 않으리라 다짐한다.

주로 백담사 오세암을 자주 가곤 했다. 그러던 어느 날 남편이 저 세상 부처님께 가고 말았다. 남편의 영혼을 만불산 만불사萬佛寺에 부도탑으로 모시고 부처님과 한 걸음 더 가

까워졌다. 남편이 잠들어 있는 만불사, 천년을 보장한다는
그곳을 통해 남편과 나는 또 다른 모습으로 이승과 저승에
걸쳐 있다.

—「인연」 전문

「인연」이라는 시도 망인이 된 부군과의 애틋한 인연이 바탕이 된 시이지만, 역시 부처님과의 인연을 통해 천년의 삶을 희구하고 있다. 이렇듯 부처님에 대한 열망과 기원이 이번 정서리 시집의 중요한 주제이기도 하다.

시 「사람과 강물」, 「선인장」, 「숲에 서다」, 「예순에 심은 나무」 등은 인간의 관계 속에서 삶의 본질적인 실존에 대한 탐구를 시적 주제로 하고 있다. 아마 이 시집에서는 미학적으로 가장 완성도 높은 시가 아마 이 시편들일 것이다.

사람과 사람이 만나
서로 좋아하면
두 사람 사이에 물결이 튼다

한쪽이 슬퍼지면
균형이 맞지 않는다

서로가 기뻐서 출렁이면
그 물결이 밝게 빛나서
그 사람 웃음소리가 들린다

처음은 물결이 짧고 어색하지만
서로 물결을 자주 보내 주면
넘치지도 마르지도 않은
강물 같은 유유한 사랑이 흐른다

큰 강물은
시작과 끝을 어차피 알 수 없지만
항상 맑은 물결을 고집하는 사람과
친하고 싶다

—「사람과 강물」 전문

우리가 하나가 되지 않고는 숲을 이룰 수가 없다
푸르름을 함께 부비고 부딪치면서
춤을 추지 않고는 하나가 될 수가 없다

내가 너를 범했으니 하나가 되었고
네가 나를 사랑하니 숲을 이룰 수가 있었다

찬란하게 흔들리던 순간들이 춤을 추고 있다

땡볕 아래서도
황홀한 사랑 영원할 줄 알았는데
숲의 푸름이 변해 가고 있다

한 잎 두 잎 낙화가 되어 앙상한 뼈만 남아
차가운 바람결에 울고 있다
어쩌다 한두 잎 버티고 있는
너를 보니
갈 길이 따로 있다는 것을 이제야 알겠다

싱그러웠던 너와 나 영원함은 없으리
너는 너대로 나는 나대로
갈 길이 다르다는 것을
이제야 알았네
이제야 알았네

―「숲에 서다」 전문

어떻게 보면 이 세상의 삶이란 인간관계학이라고 해도 과언이 아닐 것이다. 서두에서 언급한 것처럼 인간이란 존재는 자기의 의지와는 무관하게 내팽개쳐지듯이 이 세상에 온다. 그리고는 인간들과 사회적 관계를 맺으면서 살아간다. 이 과정에서 고통도 받고 기쁨과 보람도 얻게 된다. "사람과 사람이 만나 서로 좋아하면 / 두 사람 사이에 물결이 트"이는데 "한쪽이 슬퍼지면 / 균형이 맞지 않"고 "서로가 기뻐서 출렁이면 / 그 물결이 밝게 빛나서 / 그 사람 웃음소리가 들린다"는 주장은 인간관계의 기본을 말한다. 그런데 이 관계는 "처음은 물결이 짧고 어색하지만 / 서로 물결을 자주 보내 주면 / 넘치지도 마르지도 않은 / 강물 같은 유유한 사랑이 흐른다"는 것처럼 서로를 배려하고 관용할 때, 그리고 서로에게 헌신할 때 진정한 관계가 성립된다. 불교가 추구하는 많은 가치 중에 가장 큰 가치가 '보시' 그것도 무주상 보시인 것은 타자他者에게 아무런 대가없이, 그것이 물질이든 정신이든 베품이 상대편 뿐만 아니라 나 자신도 평화로워지기 때문인 것이다.

정서리 시인은 이런 사실을 잘 알고 있기에 인생이란 "큰 강물은 / 시작과 끝을 어차피 알 수 없지만 / 항상 맑은 물결을 고집하는 사람과 / 친하고 싶다"는 발원을 시에서 보이고 있다. 그래서 "우리가 하나가 되지 않고는 숲을 이룰 수가 없다 / 푸르름을 함께 부비고 부딪치면서 / 춤을 추지 않고는 하나가 될 수가 없다"는 대승적 관계를 주장하고 있는 것이다.

우리 집 창가에 오래된 선인장
자기 몸을 보호하기 위해
가시로 덮은 그를 본다

항상 목말라
갈증에 허덕인 그를
물을 꾸역꾸역 줄 수도 없다
그는 원래 물을 싫어했다

우리 안방엔 햇살이 잘 들지 않아
하루 종일 기다리면 가끔 다녀가곤 하는데
많은 세월이 지나간
오늘
그가 꽃을 피웠다

너를 보고 나를 본다
그냥 무심히 버려진 그에게
다가가 말을 건다
이제야 꽃피울 줄 진정으로 몰랐다고
해맑은 미소로 꽃피울 줄 어찌 내가 알았겠나

—「독한 것」 전문

아는 것처럼 선인장은 사막의 나무이다. 그런데 사막

이라는 생장 환경이 워낙 열악하니까 그 나무는 살아남기 위해 물이 많이 쓰이는 넓은 잎을 가시로 뾰족하게 만들어서 자신을 보호하는 것이다. 시인은 이 선인장을 보고 자신의 삶을 유추한다.

"너를 보고 나를 본다 / 그냥 무심히 버려진 그에게 / 다가가 말을 건다 / 이제야 꽃피울 줄 진정으로 몰랐다고 / 해맑은 미소로 꽃피울 줄 어찌 내가 알았겠나"라고 하면서 선인장과 자신을 동일시한다. 시인 자신의 어떤 점이 선인장과 닮았는지 구체적인 언급은 없지만, 인간사 보편적으로 느낄 수 있는 어려움에 대한 비유로 보인다. 그런데 그 어려움과 역경을 극복하고 인생의 후반기에 해당하는 현재의 자리에 와 있는 자신에 대한 자부심과 긍지가 느껴지는 시이다. 우리나라의 근현대사를 보면, 현재 60대 후반의 국민들이 겪었던 역사, 일제식민지, 해방, 한국전쟁, 세계 최빈국, 봉건적, 남아 선호 사상, 여성 차별, 군사독재, 민주화 등의 여건 속에서 여성인 자신이 이런 많은 어려움을 이겨 내고 사회적으로는 시인이 되고, 만학도로 대학을 졸업하고, 자녀들과 손자들을 훌륭하게 키워 낸 자신의 모습을 마치 선인장처럼 '독한 것'이라고 시에서 표현하고 있는 것인지도 모른다.

유달리 절을 좋아하고 염불 소리 좋아했던 당신, 평소에 자주 찾아왔던 만불사 염불 소리 끊이지 않는 이 도량에 당신을 두기로 했습니다.

이승의 미련일랑 다 내려놓고 바람의 목마를 타고 구름 위에서 저 손녀들 재롱 바라보고 봄꽃이 피어나면 큰 호랑나비가 되어 훨훨 날아다니고 무성한 여름이 오면 활기차고 신선한 바람이 되어 더위를 식혀 주고 황금 들녘 가을이 오면 온 천지를 나팔소리로 가을을 일으켜 세워 황금 들녘으로 가난한 자에게 희망을 안겨 주고 추운 겨울이 오면 함박눈으로 세상을 따뜻하게 덮어 주길 바랍니다.

—「당신을 보내며」 부분

이 시는 부군에 대한 절절한 망부가亡夫歌로 읽힌다. 그런데 이 시에서 주목할 부분은 개인적인 슬픔이나 그리움에만 매몰돼 있는 것이 아니라 "봄꽃이 피어나면 큰 호랑나비가 되어 훨훨 날아다니고 무성한 여름이 오면 활기차고 신선한 바람이 되어 더위를 식혀 주고 황금 들녘 가을이 오면 온 천지를 나팔소리로 가을을 일으켜 세워 황금 들녘으로 가난한 자에게 희망을 주고 추운 겨울이 오면 함박눈으로 세상을 따뜻하게 덮어 주길 바랍니다"는 구절이다.

'가난한 자에게 희망을 주고 추운 겨울이 오면 함박눈으로 세상을 따뜻하게 덮'으라는 이 구절은 대승불교에서 추구하는, 위로는 보리를 추구하고 아래로 중생을 교화한다는 '상구보리 하화중생上求菩提下化衆生'의 정신이 햇살처럼 맑게 빛나는 구절이다. 이것이 정서리 시인이 이번 시집에서 내보이는 시 정신인 것이다.

모름지기 좋은 시는 나라와 민중을 생각해야 한다는 다산 정약용의 시론詩論처럼, 이 엄혹한 사바세계에서 고통 받는 중생들을 자비와 보시로 구제하겠다는 생각으로 시를 쓰고, 그 좋은 생각들을 일상의 삶에서 실천하는 훌륭한 시인으로 오래 빛나기를 기원한다.

시인 **정서리**

경상북도 경주시 안강에서 출생했다. 2000년《불교문예》신인상으로 등단했으며《불교와 문학》운영위원, 현대불교문인협회 대구경북지회장을 역임하고 대구문인협회, 반짇고리문학회, 도동문학, K국제펜문학 회원으로 활동하고 있다. 시집『겨울나무』가 있다.
soook00371@daum.net

정서리 시집

오늘도 눈을 뜬다

초판 1쇄 발행 2023년 8월 16일

지은이 정서리
펴낸이 이은재

펴낸곳 도서출판 그루
출판등록 1983. 3. 26(제1-61호)
주소 42452 대구광역시 남구 큰골 3길 30
전화 053-253-7872
팩스 053-257-7884
전자우편 guroo@guroo.co.kr

ISBN 978-89-8069-490-7